KB211295

제자훈련 Ⅲ

작은 예수가 되라

개역개정판

제자훈련 III

작은 예수가 되라

옥 한 흠

국제제자훈련원

유의 사항

제자훈련을 만족스럽게 받으려면
다음의 몇 가지 유의 사항을 잘 지켜야 한다.

1. 지도자를 사랑하고, 신뢰하며, 그를 위해 열심히 기도해 주어야
   한다. 그렇지 않으면 자신에게 별 유익이 없을 것이다.
2. 결석을 하거나 중도에 하차하지 않도록 각별히 노력해야 한다. 한
   두 번의 고비가 있을지 모르지만, 그때마다 도와주고 아껴 줘야
   한다.
3. 교재 예습을 반드시 해야 한다. 예습을 하는 것과 하지 않는 것에
   는 많은 차이가 있다. 똑같은 시간을 소비하면서 얻는 수확이 남
   만 못하다면, 그것은 참을 수 없는 일이다. 예습을 하지 않는 데서
   오는 손해를 후에 보상받을 생각은 하지 않는 것이 좋다.
4. 매주 가정에서 준비해 와야 하는 과제들을 소홀히 다루지 않도록
   노력하자. 처음부터 숙제를 철저하게 하는 습관을 몸에 익히는 것
   이 좋다.
5. 전인격적인 훈련의 기회로 삼아야 한다. 머리만 움직이는 사람은
   차가운 이론가는 될지 모르나 주님을 사랑하는 제자는 될 수 없
   다. 우리의 지·정·의가 모두 집중되는 훈련이라야 거기에 성령
   의 놀라운 개입을 체험할 수 있게 된다. 말씀을 배웠는가? 그 말씀
   을 안고 기도하라, 기도는 배운 바를 마음에 담는 작업이다. 그리
   고 즉시 그 말씀을 실천의 도장으로 옮겨 놓으라. 이렇게 말씀을
   배우고, 깨닫고, 실천하는 과정에서 자신도 모르는 사이에 주님을
   닮아가는 자신을 발견하게 될 것이다.
   "내가 주의 법을 어찌 그리 사랑하는지요 내가 그것을 종일 작은
   소리로 읊조리나이다"(시편 119:97).

작은 예수가 되라

제자훈련 교재 3권에서는
구원받은 하나님의 자녀는
그 신분에 어울리는 거룩한 인격과
삶을 갖추고 있어야 한다는 점을
중점적으로 공부하게 된다.
어떤 이론을 공부하는 데서 끝나지 말아야 할 것이다.
자기 자신의 됨됨이가 되어야 한다.
당신을 성령의 손에 들려 있는
한 줌의 진흙덩이가 되게 하라.
그가 만드시는 대로
만들어지게 하라.

차례

1

순종의 생활

믿음을 가진 사람은 즐겁게 순종한다. 믿음은 순종하는 생활에서 강하고 풍성하게 성장한다. 그러나 순종이 구원을 얻는 공로일 수는 없다. 왜냐하면 순종은 이미 믿음으로 구원받은 사람에게서만 기대할 수 있는 새로운 생활 법칙이기 때문이다. 우리가 순종하는 삶을 주의 깊게 검토해야 할 필요성을 느끼는 이유는, 현실적으로 잘 순종하지 못하는 자들이 교회 안에 많기 때문이다. 이런 사람들은 잘못하면 모래 위에 집을 짓는 헛수고를 할 우려가 대단히 많다. 예수님의 제자는 주님처럼 철저하게 순종하는 자를 말한다. 주님이 세상에서 하나님께 얼마나 철저하게 순종하셨는가를 우리는 잘 알고 있다. 그런데 왜 우리가 그의 모범을 따르지 않는다는 말인가?

1. 하나님의 자녀 된 우리는 범사에 주님께 순종하게 되어 있다. 왜
   그런가?

   • 요한복음 10:27

   _____

   _____

   _____

   _____

   _____

   _____

2. 양이 목자를 얼마나 잘 알며 철저히 따르는가에 대해 아는 이야기
   가 있으면 해 보라. (참고, 요한복음 10 3~5)

   _____

   _____

   _____

   _____

   _____

3. 당신은 양이 목자를 따르는 것처럼 주님의 음성을 듣고 따를 수 있
   는가?

   _____

   _____

   _____

   _____

4. 예수님의 음성을 듣고 따른다는 것은 그의 말씀을 순종한다는 의미도 있지만, 예수님이 하는 대로 본받는다는 의미도 있다. 그가 우리에게 순종의 본을 보이신 것은 무엇인가?

   • 요한복음 4:34

   _____

   _____

   _____

   _____

   • 요한복음 8:29

   _____

   _____

   _____

   _____

5. 당신이 예수님의 본을 따라 하나님의 말씀에 순종해 본 사례를 들어 보라.

   _____

   _____

   _____

   _____

   _____

   _____

6. 주님은 순종이 사랑의 마음에서 나오는 행동임을 분명히 하셨다. 사랑하면 순종한다는 것이다. 여기에 대해 어떻게 말씀하시는가?

　　• 요한복음 14:15

_____

_____

_____

_____

7. 주님을 사랑하여 순종하는 자에게 약속하신 은혜는 무엇인가?

　　• 요한복음 14:21

_____

_____

_____

_____

8. 순종 없이 입으로만 주님을 사랑한다고 고백했던 삶을 회개하는 기도문을 써 보라.

_____

_____

_____

_____

_____

_____

9. 예수님은 순종의 중요성을 어떻게 교훈하고 계시는가? 마태복음 7장 24~27절을 보라.

1) 비가 내리고 창수가 나고 바람이 분다는 것은 무엇을 비유하는 말인가?

_____

_____

_____

_____

2) 순종하지 않는 믿음은 결정적인 위기에서 지탱할 수 없다. 당신은 이 사실에 대해 두려움을 느끼지 않는가?

_____

_____

_____

3) 평안할 때는 어떤 사람이 순종하는 자이며, 그렇지 않는 자인지 분별하기가 어렵다. 마치 홍수가 터지기 전에는 그 집이 반석 위에 있는지 모래 위에 있는지 잘 알 수 없는 것과 같은 이치다. 그래서 많은 사람이 순종하지 않는 믿음이 엉터리인 줄 모르고, 마음을 놓고 교회를 드나드는 것이다. 당신의 믿음은 순종이라는 반석 위에 세워져 있는가? (참고, 야고보서 2:26)

_____

_____

_____

10. 어떤 사람은 믿음을 크게 오해하여 순종을 과소평가하는 실수를 범하기도 한다. 믿기만 하면 구원받는데, 순종하고 안하고가 뭐 그리 대단한 문제가 되느냐고 반문을 한다. 그리고 순종(행함)을 강조하는 것은 믿음의 중요성을 깎아내리는 것이라고 비난한다. 당신은 순종이 얼마나 중요한가에 대해 충분히 이해했는가? (야고보서 2:14~19)

_____

_____

_____

_____

_____

_____

거룩한 긍정

나는 하나님과의 친밀한 교제를 통하여 흘러 넘치는, 예수님의 순종의 삶을 여러분이 깨달을 수 있기를 바란다. 순종이라는 말은 흔히 우리의 마음속에 어리석은 명령들이나 남발하는 비인격적인 상관들로 가득찬 계층 구조적 세계를 떠올리게 하는데, 그 명령들은 우리가 비록 아무 까닭이나 근거를 찾지 못한다 할지라도 복종해야만 하는 것들이다.

그러나 예수님의 순종은, 이는 결국 우리의 순종인 바, 그것들과는 질적으로 전혀 다른 것이다. 이는 하나님을 '아바! 아버지!' 라고 부를 수 있는 친밀함으로부터 흘러넘치는 순종이다. 거기에는 하나님의 방법이 단지 옳은(right)것일 뿐 아니라, 좋은(good)것이기도 하다는 사실에 대한 마음으로부터의 깨달음이 있다. 옳은 것이 좋다는 것을 경험을 통하여 알게 되면 우리는 하나님의 뜻과 일치하게 된다. 그것은 복종해야 할 명령이 아니요, 저절로 따르게 되는 거룩한 긍정(divine yes)이다.

– 리처드 포스터 –

2
봉사의 의무

일반적으로 봉사라고 하면 남을 섬기는 행위를 말한다. 그리스도인은 교회 안에서나 밖에서나 섬기는 자로 살아야 한다. 무엇이든지 주님께 영광이 될 수 있는 일이라면 기쁨으로 봉사할 준비를 하고 있어야 한다. 가끔 보면 성경 말씀도 많이 알고 다른 사람들은 잘 가르치는데, 봉사하는 자리에서는 대단히 느리고 소극적인 자들을 교회 안에서 보게 된다. 말씀의 은혜가 봉사의 생활로 이어지지 아니하면 그것은 남에게 무거운 짐을 지우고 자기는 손가락 하나 까딱하지 않는 율법주의자들이나 다름없는 위선자라고 해야 할
것이다. 제자훈련을 받는 이유가 어디에 있는
가? 예수님처럼 섬기려고 하는
데 있지 않는가?

1. 누가복음 22장 24~27절에서 예수님은 봉사의 기본 자세에 대해 무엇이라고 교훈하시는가?

   1) 열두 제자 사이에서 끊임없는 물밑 싸움이 계속되고 있었던 것 같다. 그것은 무엇인가? (24절)

   _____

   _____

   _____

   _____

   _____

   2) 예수님은 하나님 나라의 다스림과 세상 나라의 다스림이 근본 적으로 정반대가 된다는 것을 교훈하시기 위해 그 둘을 어떻게 비교하고 계시는가? (25, 26절)

   _____

   _____

   _____

   _____

   3) 예수님은 자신의 입장을 어떻게 말씀하고 계시는가? (27절)

   _____

   _____

   _____

   _____

4) 예수님이 제자들에게 가르치려고 하신 교훈의 요점은 두 가지 라고 볼 수 있다. 다음의 두 가지 말씀을 중심으로 전후의 문맥 을 잘 살펴보고, 그 두 가지가 무엇인지 말해 보라.

• "너희는 그렇지 않을지니" (26절)

_____

_____

_____

• "그러나" (27절)

_____

_____

_____

5) 일반적으로 교회 안에서 보면 정말 자기를 낮추고 섬기려는 자 들이 많지 않다. 그리고 장로나 권사가 되든지, 무슨 회장이 되 든지, 직분을 맡으면 목에 힘을 주는 우스운 꼴을 쉽게 볼 수 있 다. 이런 자들은 아직도 예수님이 어떤 분인가를 잘 모르는 사 람이라 할 수 있다. 왜냐하면 앉아서 먹는 자, 곧 예수님이 일어 나 섬기는데 심부름을 해야 할 처지에 있는 자가 섬김을 받으려 는 것과 같기 때문이다. 당신은 정말 예수님이 모범을 보이신 대로 섬기려 하는 사람인가?

_____

_____

_____

_____

2. 베드로전서 4장 9~11절은 우리에게 무엇을 교훈하고 있는가?

　　1) 왜 서로 대접하는 일을 원망과 연관시키고 있을까?

　　_____

　　_____

　　_____

　　_____

　　2) 봉사하면서 마음으로 원망해 본 일이 있는가? 그때 어떤 유익
　　　이 있었는가? (참고, 누가복음 10 :40)

　　_____

　　_____

　　_____

　　_____

　　_____

　　3) 봉사를 잘하려면 성령이 우리 각자에게 주신 은사대로 섬겨야
　　　한다. 은사는 성령께서 남을 섬기라고 주신 것이므로 은사를 가
　　　진 자는 선한 청지기같이 봉사할 의무가 있다(10 절). 당신은 어
　　　떤 은사를 받았다고 보는가?

　　_____

　　_____

　　_____

　　_____

　　4) 청지기다운 봉사의 자세를 가지려면 두 가지 원칙을 지켜야 한
　　　다. 11 절에서 두 가지 원칙을 정리하라. 그리고 당신이 그대로
　　　하고 있는지 살펴보라.

• 봉사하는 자는 자기를 가지고 떠들지 말고 하나님의 말씀을 전하는 심부름꾼처럼 해야 한다. 당신은 봉사하면서 누구의 말을 가지고 하는 사람인가?

_____

_____

_____

_____

• 봉사하는 자는 무슨 일을 하든 자기 힘과 능력으로 하는 것처럼 과시해서는 안 된다. 작은 일 하나라도 할 수 있는 능력이 있다면 하나님이 주신 힘을 가지고 봉사하는 자로 보여야 한다. 당신은 그렇게 하고 있는가?

_____

_____

_____

_____

5) 교회에서 봉사를 많이 하고도 덕을 끼치지 못해 하나님의 영광을 가릴 때가 적지 않다. 우리의 봉사는 반드시 하나님께 영광이 되어야 한다(11절). 우리가 청지기처럼 봉사하지 않고 주인처럼 행세하면 하나님께 영광을 돌릴 수 없다. 당신은 과거에 자기의 영광을 은근히 바라고 열심히 봉사하다가 교회에 덕을 끼치지 못한 일은 없는가? 있으면 솔직히 이야기해 보라.

_____

_____

_____

_____

3. 요한삼서를 보면 한 교회에서 같은 장로의 직분을 가지고 봉사를 했지만 한쪽은 하나님의 칭찬을, 다른 한쪽은 무서운 책망을 받은 두 사람의 이야기가 나온다. 각자에 대한 내용을 적고, 당신이 깨달은 사실을 정리해 보라.

• 가이오(5, 6절)

• 디오드레베(9, 10절)

• 당신의 깨달음

4. 참된 봉사자에게 하나님이 약속하신 축복은 무엇인가?

• 마태복음 23:12

_____

_____

_____

_____

• 마태복음 10:42

_____

_____

_____

_____

• 누가복음 6:38

_____

_____

_____

_____

• 요한계시록 2:10

_____

_____

_____

_____

5. 이제부터 어떤 마음가짐으로 교회를 섬기기를 원하는지 자신의
   결심을 적어라.

   • 가정

   _____

   _____

   _____

   _____

   • 교회

   _____

   _____

   _____

   _____

   • 세상

   _____

   _____

   _____

   _____

주님을 좀더 사랑한다면

우리의 행동은 우리의 말보다 더 큰 목소리로 말할 수 있다. 우리는 이제 싹트기 시작하는 중이다. 우리는 하나님을 영화롭게 하고, 다른 사람들을 세워줄 수 있는 능력이 자라기를 원한다. 그러나 다른 사람은 우리의 삶 중심에 계신 예수 그리스도를 바라보며, "만일 당신이 그분을 좀더 사랑한다면, 그분을 좀더 잘 섬길 것이요"라고 말할지도 모른다. 당신의 행위는 하나님에 대한 당신의 사랑을 얼마나 나타내고 있는가? 찌꺼기 시간을 그분께 드리고 있지는 않은가? "이만하면 충분하다"라고 말하는 당신의 그 기준은 정말 충분한 것인가? 미지근하게, 영적으로 안일하게 지내는 것이 몸에 배어 있지는 않은가?

하나님께서는 그분의 아들이신 주 예수 그리스도의 삶과 죽음과 부활을 통해 그분의 최선을 우리에게 주셨다. 그 하나님께서 우리에게 우리가 받은 모든 것 중 첫 번째 열매를 달라고 요구하신다. 우리 각자 하나님께 드리려면 희생해야 한다. 희생이란 곧 치러야 할 값이 있다는 말이다. 하나님께 우리의 최선을 드리려면 우리의 시간, 생각, 하나님께서 우리에게 주신 자원을 바쳐야 한다. 당신이 주님을 위해 일하고 있는 사역의 질을 한번 점검해 보라.

그리고 '만일 우리가 주님을 좀더 사랑한다면, 우리는 주님을 좀더 잘 섬길 것'이라는 사실을 기억하라.

– 브루스 벅비 –

3

그리스도를 증거하는 생활

예루살렘교회의 사도들은 자신들이 보고 들은 예수 그리스도의 부활을 말하지 아니할 수 없다고 고백한 바 있다. 그들은 마음속에서 치밀어 오르는 충동을 가지고 다닌 사람들이었다. 그들에 비하면 우리들의 마음은 식어 있고, 사람을 두려워하는 공포증에 사로잡혀 있지 않나 하는 염려를 할 때가 종종 있다. 전도는 구원받은 하나님의 자녀라면 자랑스럽게 기쁨으로 실천해야 할 삶 그 자체이다. 예수 그리스도를 자랑하고 이야기하여 다른 사람의 영혼을 하나님께 인도하는 일만큼 귀하고 아름다운 일은 없다. 전도하는 생활은 우리의 신앙 상태와 깊은 관계를 가지고 있다. 전도를 기쁨으로 할 때는 신앙이 매우 좋다고 말할 수 있고, 그렇지 못하면 신앙이 병들어 있다고 해도 과언은 아닐 것이다.

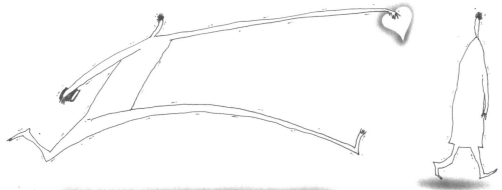

1. 하나님께서 우리에게 어떠한 직책을 주셨는가? 고린도후서 5장 18~19절을 가지고 살펴보라.

　　1) 하나님이 우리를 구원하사 자기와 화목하게 하신 다음 우리에게 주신 직분은 무엇인가? (18절)

　　　　_____

　　　　_____

　　　　_____

　　　　_____

　　　　_____

　　2) 당신은 자신의 구원이 화목케 하는 전도의 사명을 수반하고 있다는 사실을 인정하고 있었는가?

　　　　_____

　　　　_____

　　　　_____

　　　　_____

　　　　_____

　　3) 화목케 하는 직분과 함께 우리 손에 들려 주신 것은 무엇인가? (19절; 참고, 에베소서 2:14~18)

　　　　_____

　　　　_____

　　　　_____

　　　　_____

　　　　_____

4) 복음의 말씀은 나만을 위해 독점하기보다 함께 나누어 먹어야 할 생명의 떡이다. 당신은 지금까지 혼자 움켜쥐고 있었다는 가책이 생기지 않는가?

_____

_____

_____

_____

_____

2. 예수님의 심정과 바울의 심정을 이야기해 보라.

• 마태복음 9:36~38

1) 예수님은 무리를 보시고 불쌍히 여기셨다고 한다. 그 말의 의미가 무엇이라고 생각하는가? (참고, 시편 103:13)

_____

_____

_____

_____

2) 주님이 무리를 불쌍히 여기신 이유는 무엇인가?

_____

_____

_____

_____

3) 당신은 예수님처럼 세상 사람들을 보는 눈을 가지고 있는가? 화려한 집에서 호의호식하는 자를 볼 때, 그가 예수님을 안 믿는다는 이유 때문에 정말 불쌍하게 여기는 마음이 있는가?

_____

_____

_____

4) 당신의 마음과 주님의 마음의 차이가 얼마나 큰지 말해 보라.

_____

_____

_____

• 로마서 9:1~3

1) 바울은 무슨 말을 하면서 절대로 거짓말이 아니라고 호소하는가?

_____

_____

_____

2) 바울은 왜 근심하고 고통하였는가?

_____

_____

_____

3) 그 근심과 고통은 어느 정도의 것이었는가?

_____

_____

_____

4) 불신 가족이나 이웃을 생각하고, 당신이 괴로워하는 심정과 바울의 심정을 비교하면서 무엇을 발견할 수 있는가?

_____

_____

_____

_____

5) 바울은 자기 동족을 구하는 일이면 어느 정도로 희생할 각오를 가지고 있다고 했는가?

_____

_____

_____

6) 당신이 믿지 않는 가족을 구원하기 위해 지금까지 희생한 것이 있으면 말해 보라.

_____

_____

_____

_____

3. 예수의 증인은 입으로만 그리스도를 전하는 것이 아니다. 말의 전도에 못지 않게 필수적인 것이 있다. 다음 구절은 이 점에 대해 무엇이라고 말씀하는가?

• 마태복음 5:16

_____

_____

_____

• 베드로전서 3:14~16

_____

_____

_____

• 요한복음 13:34, 35

_____

_____

_____

4. 당신이 전도해서 지금 신앙 생활을 잘하고 있는 자들의 이름을 적어 보라.

_____

_____

_____

5. 앞으로 예수 그리스도를 더 열심히 전하고 싶은 마음이 있는가? 있다면 누구를 어떻게 전도하고 싶은지 계획을 적어라.

_____

_____

_____

누가 벙어리인가?

그토록 많은 하나님의 자녀들이 벙어리라는 사실은 매우 슬픈 일이다. 그렇지만 그것은 사실이다. 부모들은 그들의 자녀들이 벙어리로 태어나는 것을 커다란 재난으로 생각한다. 그들은 그 사실에 큰 슬픔을 느낄 것이다. 그러나 당신은 하나님의 자녀 가운데 벙어리가 많다는 사실을 생각해 본 적이 있는가?

교회에는 그러한 자들로 가득 차 있다. 그들은 그리스도를 증거하지 못한다. 그들은 정치, 예술, 과학, 유행 등과 같은 것에 대해서는 곧잘 이야기하지만 하나님의 아들에 대해서는 벙어리다.

- D. L. 무디 -

4

말의 덕을 세우는 사람

우리가 신앙 생활을 하면서 가장 자주 탄식하는 부분이 있다면 말이 아닐까 싶다. 말을 해놓고 후회하는 일이 거듭될수록 자기 자신에 대한 혐오감이 자주 일어난다. 덕이 없는 말을 해서 형제들을 아프게 하는 일이 하루에도 몇 번씩 반복되지 않는가? 가까이 접근하던 이웃 형제들이 실망하는 이유는 거의 대부분 말을 지혜롭게 하지 못하는 데서 빚어지는 일이라 할 수 있다.

성경에는 말에 관한 교훈이 적지 않다. 말과 관계되어 있지 않은 죄를 찾기가 어려울 정도로 혀를 모든 범죄의 주역으로 다루고 있다. 우리 지체 가운데서 가장 점수를 따지 못한 것이 바로 혀라고 할 수 있다. 오죽하면 말에 실수가 없으면 온전한 사람이라고까지 단정을 하겠는가? 우리 자신을 다시 한 번 살펴보자. 은혜롭게 말할 줄 모르면 주님의 손에 쓰임을
받을 수 없다는 사실을 잊어서는 안 될
것이다.

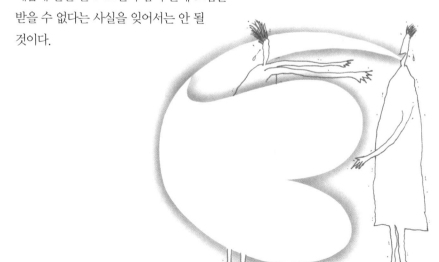

1. 야고보서 3장 1~10절에서는 혀의 악을 어떻게 묘사하고 있는가?

   1) 본문을 주의해서 읽어 보라. 야고보는 예수님의 동생이요, 예루살렘교회의 탁월한 장로였지만, '너희'라고 하지 않고 '우리'라는 말을 사용하면서 자기도 말의 실수가 많은 사람 가운데 하나라는 사실을 인정하고 있다. 야고보의 이러한 태도를 보고 무엇을 느끼는가?

   _____

   _____

   _____

   _____

   2) 말에 실수가 없는 사람이 없다는 사실을 어떻게 표현하고 있는가? (2절)

   _____

   _____

   _____

   _____

   3) 가급적이면 선생이 되지 말라는 권면 속에 들어 있는 교훈을 깨달은 대로 말해 보라. (참고, 마태복음 23 1~8)

   _____

   _____

   _____

   _____

4) 혀의 힘을 말하기 위해 어떤 비유들을 사용하고 있는가?

_____

_____

_____

_____

5) 혀는 사람을 더럽히고 해를 끼칠 수 있다. 다시 말해서 실수한 말 한마디로 한 사람의 영혼에 상처를 입히기도 하고 인격을 모욕하기도 한다. 그 사례를 한두 가지 말해 보라. (6절; 참고, 마태복음 15:18~20)

_____

_____

_____

_____

6) 말실수를 하여 누구를 다치게 한 경험이 있다면 말해 보라.

_____

_____

_____

_____

7) 혀가 가지고 있는 가장 곤란한 문제는 무엇인가? (8절)

_____

_____

_____

_____

8) 혀를 길들일 사람이 없다는 말은 혀를 바로 쓰는 일이 불가능하다는 뜻인가? 아니라면 무슨 의미를 담고 있는 것일까?

_____

_____

_____

2. 마태복음 12장 33~37절을 보라. 무엇을 배울 수 있는가?

1) 나무와 열매의 비유를 다시 한 번 이야기하라.

_____

_____

2) 주님이 말씀하시고자 하는 핵심은 무엇인가? (34, 35절)

_____

_____

3) 혀를 길들이는 가장 정확한 방법은 마음을 선하게 갖는 것이다. 그러나 성경은 선한 마음을 가진 사람이 하나도 없다고 말씀하신다. (참고, 예레미야 17:9) 이 말은 결국 인간이 선한 말을 하기는 불가능하다는 것을 의미한다고 할 수 있다. 이에 대한 당신의 생각은 어떠한가?

_____

_____

_____

_____

4) 당신은 예수님을 믿은 다음 마음의 변화를 받고 말씀의 은혜로
   채움을 입고 있는가?

_____

_____

_____

5) 말에 대한 심판이 있다. 무심코 한 말이라도 하나님 앞에서 추
   궁을 받는다고 한다. 이 점에 대해 당신의 느낌을 말해 보라.

_____

_____

_____

6) 당신은 안 해도 될 말을 하루에 얼마나 한다고 생각하는가? 그
   리고 무심코 내뱉은 말로 상대방에게 깊은 상처를 주는 일이 얼
   마나 된다고 생각하는가?

_____

_____

_____

3. 그리스도인이 계발해야 할 말의 덕은 어떤 것인가?

• 잠언 15:23, 28

_____

_____

• 이사야 50:4

_____

_____

• 골로새서 4:6

_____

_____

4. 말로 형제를 해치거나 죽이는 방법 가운데 비판을 빼놓을 수 없다. 마태복음 7장 1~5절을 가지고 형제를 비판하는 일을 왜 삼가야 하는지 배우도록 하자.

1) 왜 비판하는 것이 나쁜가?

_____

_____

_____

2) 비판하는 자에게 숨어 있는 모순은 무엇인가?

_____

_____

_____

3) 당신은 남의 말 하기를 좋아하는 습성이 본능처럼 굳어버린 사람은 아닌지 자기 반성을 해 보라. 그리고 비판함으로 남을 괴롭히고 죄를 짓게 한 사례가 있으면 기억나는 대로 적고 기도하라.

_____

_____

말 한 마디의 위력

부주의한 말 한 마디가 싸움의 불씨가 되고,
잔인한 말 한 마디가 삶을 파괴합니다.
쓰디쓴 말 한 마디가 증오의 씨를 뿌리고,
무례한 말 한 마디가 사랑의 불을 끕니다.
은혜로운 말 한 마디가 길을 평탄케 하고,
즐거운 말 한 마디가 하루를 빛나게 합니다.
때에 맞는 말 한 마디가 긴장을 풀어 주고,
사랑의 말 한 마디가 병을 낫게 하고 축복을 줍니다.

– 작자 미상 –

5

영적 성장과 성숙

현대인들이 인스턴트 식품이나 자동 기계를 좋아하는 이유가 있다. 수고하지 아니하고 손쉽게 즐길 수 있다는 이유 때문이다. 이런 성향이 신앙 인격을 세우는 일에까지 나타나고 있지 않나 두려울 때가 많다. 인격 교육에는 인스턴트가 있을 수 없다. 특히 신앙을 키워 주고, 인격과 생활을 하나님이 원하시는 수준으로 끌어올리는 일은 눈물과 땀으로 얼룩진 긴 시간을 통해서만 가능한 것이다. 우리는 반드시 영적으로 자라야 한다. 이것은 주님의 소원이다. 잘 성장하기 위해서는 하나님의 말씀이 가르치는 교훈을 그대로 순종하지 아니하면 안 된다. 우리에게 자주 나타나는 문제가 있다면 성장해야 한다는 바람이 몹시 약하다는 것이다. 그래서 많은 시간을 열매 없이 낭비해버린다. 우리 주님을 슬프게 하는 이러한 자세는 하루 빨리 정리해야 마땅할 것이다.

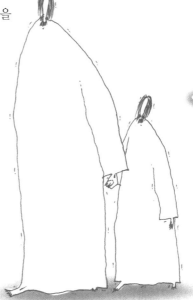

1. 고린도전서 3장 1~4절이 주는 교훈을 통하여 나의 영적 수준을
   진단해 보자.

   1) 본문의 내용 가운데 당신이 좋아하지 않는 말들을 골라서 적어
      보라.

   _____

   _____

   _____

   _____

   2) 바울은 고린도 교인들을 무엇이라고 불렀는가? 그 의미는 무엇
      인가? (1절)

   _____

   _____

   _____

   3) 육신에 속한 자에게서 찾을 수 있는 약점은 무엇인가? (2절)

   _____

   _____

   _____

   4) 젖은 무엇이며 밥은 무엇인가? (참고, 히브리서 5:12~14)

   _____

   _____

   _____

5) 고린도 교인들이 육신에 속한 자로서 영적으로 어린아이 짓을
   한 구체적인 사례들을 찾아보라. (3, 4 절)

   _____

   _____

   _____

6) 당신은 교회 안에서 시기하고 편을 가르고 싸우는 것이 정말로
   영적으로 유치한 어린아이 짓이라고 생각하는가? 그리고 부끄
   러워하는가?

   _____

   _____

   _____

7) 오늘날 교회 안에는 어른의 자리에 앉아 있는 자들이 어린아이
   짓을 하고 있는 경우가 적지 않다. 서로 시기하고 다투고 편을
   갈라 싸운다. 행여나 당신이 그들 중에 끼어 있지는 않은가?

   _____

   _____

   _____

8) 고린도교회는 성령의 은사를 유별나게 많이 받은 교회였다(고
   전 1:7). 그럼에도 불구하고 영적인 면에서는 어린아이의 티를
   벗지 못한 자들이 우글거리고 있었던 것이다. 당신은 이 점을
   어떻게 생각하는가? 성령의 은사나 체험은 영적 성숙과 별개의
   것이라고 해도 괜찮은가?

   _____

   _____

   _____

2. 에베소서 4장 13~16절에서 우리가 영적 성숙에 대해 배워야 할 진리는 무엇인가?

1) 영적으로 자라는 것과 깊은 관계를 가진 낱말들을 찾아서 적어 보라.

_____

_____

_____

_____

_____

_____

2) 13절은 우리가 영적으로 어느 표준에까지 자라야 하는가를 정확하게 말씀하고 있다. 본문 내용을 할 수 있는 한 쉽게 풀어 써 보라.

_____

_____

_____

3) 결국 우리가 영적으로 성숙해진다는 말은 작은 예수가 되는 것을 의미한다고 볼 수 있다. 왜 그런가?

_____

_____

_____

_____

4) 당신은 생각과 생활 방식과 인생의 목표 전부를 예수님의 것에 맞추고 있는가? 아래의 도표를 가지고 한 가지씩 예를 들면서 한번 점검해 보라.

예수님의 생각	나의 생각
1.	1.
2.	2.
예수님의 생활 방식	나의 생활 방식
1.	1.
2.	2.
예수님의 인생 목표	나의 인생 목표
1.	1.
2.	2.

5) 영적 성숙은 전인격적이어야 하고 그 증거가 전 생활 영역을 통해 나타나야 한다는 것을 15절에 있는 "범사에 … 자랄지라"는 말로 설명하고 있다. 만일 우리가 영적으로 자라지 못하면 몸은 열다섯 살인데 정신 연령은 일곱 살밖에 안 되는 비정상적인 아이처럼 되기 쉽다. 어떤 사람을 보면 성경을 열심히 공부해서 아는 것은 참 많은데, 대인관계를 잘하지 못해 덕을 세우지 못한다. 이것은 영적으로 전인격이 자라지 못한 좋은 예라 할 수 있을 것이다. 그리고 영적으로 자라면 교회 안에서만 성자처럼 행동할 것이 아니라 세상에서도 성자로 인정을 받도록 살아야 한다. 당신은 이런 점에서 괜찮다고 생각하는가?

_____

_____

_____

3. 영적으로 성장하고 성숙하기를 바라는 자는 적어도 다음의 몇 가지 요건을 갖추지 않으면 안 된다. 한 가지씩 검토하라.

• 데살로니가전서 2:7

_____

_____

_____

_____

• 베드로후서 3:18

_____

_____

_____

_____

• 에베소서 4:16

_____

_____

_____

_____

• 빌립보서 3:12

_____

_____

_____

_____

만년 갓난아기 신자

요즘 교회 안에서는 내가 '만년 갓난아기 신자'라고 부르는 기이한 현상이 벌어지고 있다. 우리들의 교회 가운데는 수년 동안 설교를 꼬박꼬박 들었는데도 처음과 다를 바가 없는 신자들이 적지 않다. 목사는 어제나 오늘이나 여전히 그들의 하나하나를 돌봐 주어야 한다.

– 기저귀가 젖었는지 가끔 들춰 보아야 하고, 토닥토닥 베이비 파우더도 발라 주어야 하며, 우유가 너무 뜨겁지는 않은지 볼에 대 보아야 하고….

주님은 우리를 십자가의 군병들이라고 말씀하셨지만, 오늘날 대부분의 교회들은 군대라기보다는 차라리 신생아들로 가득 찬 산부인과 병원처럼 보인다. 때로는 수적으로 증가하고 있는 우리들의 교회를 바라보며 우리는 자신을 속인다. 우리는 그것이 '성장'이라고 생각한다. 그러나 수적 증가가 곧 영적 성장을 뜻하는 것은 아니다. 무덤들도 역시 수적으로 증가하고 있으니까. 사랑이 없는 백 명의 성도들이 여전히 사랑이 없는 성도 2백 명으로 늘어났다는 것은 뒤룩뒤룩 비곗살이 쪘다는 것 외에는 아무 것도 아니다.

– 후안 까를로스 오르티즈 –

6

순결한 생활

현대를 가리켜 '도덕 기준을 상실한 시대'라고 평하는 말을 자주 듣는다. 각자가 좋다고 판단하는 대로, 상황의 필요에 따라 그 기준이 달라질 수 있다고 생각하는 사람이 점점 많아지고 있다. 그리고 도덕 기준이 떨어지자 사람들의 양심이 둔화되어 더러운 일을 더럽게 느끼지 못하며, 피할 줄 모르는 한심한 세상이 되고 있다. 말세가 가까워질수록 소돔과 고모라처럼 성적인 타락 현상이 일어난다고 경고한 하나님의 말씀을 가지고 현실을 진단할 때 마음이 무거워지지 않을 수 없다. 심지어 교회 안에까지 더러운 물이 흘러 들어오고 있다. 웬만한 죄를 범해도 크게 탄식하지 않는다. 대수롭지 않게 세상의 악을 받아넘기는 일에 익숙해지고 있다. 우리가 이러한 현실을 앞에 놓고 얼굴을 돌리면 안 될 것이다. 세상의 소금이요, 빛인 우리가 그 사명을 다하지 않으면 이 사회를 구제할 길이 없을 것이다.

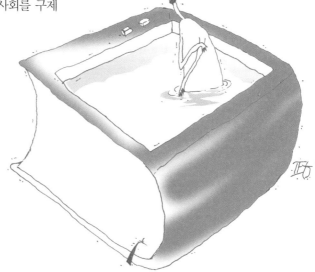

1. 우리에게 순결이 왜 중요한지 고린도전서 6장 18~20절을 가지고
   연구하라.

   1) 본문에서는 우리의 순결을 더럽히는 많은 죄 가운데 당시 고린
      도 교인들이 가장 빠지기 쉬웠던 것 하나를 예로 들고 있다. 그
      것이 무엇인가?

      _____

      _____

      _____

      _____

      _____

   2) 음행이 가지고 있는 독특한 성격을 말해 보라. (18절)

      _____

      _____

      _____

   3) 18절의 내용은 다른 죄에 비해 음행이 더 악하다는 말을 하고
      있는 것인가? 간혹 그렇게 가르치는 사람들이 있다. 그러나 그
      것은 잘못된 교훈이다. 왜 그런가? (참고, 출애굽기 20 : 12~17)

      _____

      _____

      _____

      _____

4) 우리가 음행에서 몸을 지켜야 할 첫 번째 이유는 무엇인가? (19절)

_____

_____

_____

5) 당신은 자신의 몸을 거룩하게 다루고 있는가? 그리고 당신의 몸이 성령의 거처가 된다는 사실을 어떻게 실감하고 있는가?

_____

_____

_____

6) 우리가 몸을 깨끗하게 지켜야 할 두 번째 이유는 무엇인가? (20 절)

_____

_____

_____

7) 주님께서 값을 지불하고 당신을 사셨기 때문에 당신 몸의 소유권은 주님께 이양되었다. 당신은 그 사실을 인정하는가?

_____

_____

_____

8) 우리가 몸을 깨끗이 지켜야 할 세 번째 이유는 무엇인가? (20 절)

_____

_____

_____

9) 당신은 이 말씀에서 도전을 받는 것이 없는가?

_____

_____

_____

_____

2. 그리스도인은 어느 정도로 순결해야 하는가?

• 마태복음 5:27, 28

_____

_____

_____

_____

_____

• 고린도후서 7:1

_____

_____

_____

_____

• 에베소서 5:3

_____

_____

_____

_____

3. 순결을 지키기 위해 우리가 항상 명심해야 할 세 가지 원리가 있다. 디모데후서 2장 22절을 가지고 검토하라.

   1) 첫째는 피하는 것이다. 무엇을 피해야 하는가? 그리고 왜 피해야 하는가? 요셉의 예를 통해 생각해 보라. (참고, 창세기 39:10~12)

   _____

   _____

   _____

   _____

   _____

   2) 당신은 피해야 할 대상에 대해 잘 피하고 있는가? 언제나 끌려 들어간 다음에 발버둥치는 그런 사람은 아닌가?

   _____

   _____

   _____

   _____

   _____

   _____

   3) 둘째는 깨끗한 자들과 함께 생활하는 것이다. 왜 그런지 이유를 말해 보라.

   _____

   _____

   _____

   _____

   _____

4) 당신이 가장 많이 접촉하는 사람들은 어떤 부류의 사람들인가?
그리고 그들에게서 영향받은 것이 있다면 무엇인가?

_____

_____

_____

_____

_____

5) 셋째는 선한 것을 추구하는 생활 태도를 유지하는 것이다. 우리
가 늘 사모해야 할 선한 것 네 가지는 무엇인가?

_____

_____

_____

_____

6) 당신은 네 가지 가운데서 하기 쉬운 것 한두 가지에만 집착하는
잘못을 범하지 않는가? 예를 들면 좋은 믿음을 위해서는 많은
노력을 하면서 사랑에는 별로 관심이 없는 것은 아닌지 반성해
보라.

_____

_____

_____

_____

4. 순결한 생활에 실패하면 잃어버리기 쉬운 것들이 있다. 시편 51편
10~12절을 보라.

1) 다윗이 어떤 형편에서 이 시를 지은 것인지 서두에 작은 글자로 적혀 있는 주석을 보고 설명하라. (참고, 사무엘하 11:2 이하)

_____

_____

_____

_____

2) 다윗이 제일 먼저 잃은 것은 무엇인가? 그리고 마음이 더러워지게 되면 그것이 쉽게 없어지는 이유는 무엇인가? (10절)

_____

_____

_____

_____

3) 다윗이 두 번째로 잃은 것은 무엇인가? (11절)

_____

_____

_____

_____

4) 다윗이 세 번째로 잃은 것은 무엇인가? (12절)

_____

_____

_____

_____

5) 다윗은 잃은 것들을 다시 회복하기 위해 무엇을 하고 있는가?
  (1~4 절)

_____

_____

_____

_____

_____

6) 당신에게는 이 세 가지가 다 건재한가? 만일 당신의 순결을 더
  럽히는 숨은 죄가 생각 나면 다윗처럼 철저히 회개하도록 하자.

_____

_____

_____

_____

_____

순결한 마음

생각을 심으면 행동을 거두고,
행동을 심으면 습관을 거두고
습관을 심으면 인격을 거두고,
인격을 심으면 인생을 거둔다.

— 작자 미상 —

사람의 마음을 억지로 평온하게 할 수 없는 것같이
더러운 마음을 억지로 순결하게 할 수는 없습니다.
마음을 순결하게 하기 위하여 성령의 지배에 맡겨야 하며,
부정한 것을 피해야 합니다.
마음을 하나님의 순수한 진리의 말씀으로 가득 채우십시오.

— 케이스 ㄴ. 브룩스 —

7
그리스도인의 가정생활

하나님의 자녀가 자신의 인격과 삶을 가장 먼저 시험할 수 있는 현장이 가정이다. 제일 가까이 있는 가족들이 인정하지 않는 신앙 인격이라면 어디에도 내놓을 수 없는 것은 너무나 당연하다. 한편 가정은 신앙 생활을 바로 배우고 실천하는 가장 이상적인 교회라고 할 수 있다. 우리는 여기서 신앙을 키우며, 많은 시험에서 보호받으며, 하나님 사랑의 따뜻함을 맛볼 수 있다. 가정이 건재하면 우리의 신앙 생활도 건재할 수 있다. 가정이 은혜로 충만해 있으면 우리의 영혼이 항상 독수리처럼 날개를 치며 창공을 날 수 있다. 가정에서 실천해서 성공한 진리는 어디에나 적용할 수 있다. 우리가 가정에서 익힌 신앙 생활의 습관이 일생 동안 우리의 신앙 생활에 영향을 미칠 수 있다. 우리에게 가정의 역할이 얼마나 절대적인가! 그러므로 우리가 성도다운 생활에서 성공하려면 우선적으로 가정에서 실패하지 말아야 한다.

1. 에베소서 5장 22~28절의 말씀은 부부 사이에 반드시 지켜야 할 불멸의 진리를 담고 있다.

   1) 본문 내용을 여러 번 읽으면서 묵상하라. 그리고 자신의 마음에 가장 가까이 와 닿는 구절을 외우면서 적어 보라.

   _____

   _____

   _____

   _____

   2) 아내는 남편에게 어떻게 해야 하는가? 그리고 그 이유를 말해 보라. (23절 ; 참고, 고린도전서 11 :8, 9 ; 디모데전서 2 :11~14)

   _____

   _____

   _____

   3) 남편에 대한 복종을 주님께 하듯 하되 교회가 주님께 복종하듯 하라는 말씀의 의미를 생각해 보라.

   _____

   _____

   _____

   4) 남편은 어떻게 아내를 사랑해야 하는가? 두 가지를 말해 보라. (25, 28절)

   _____

   _____

   _____

5) 아내 사랑하기를 그리스도께서 교회를 사랑하듯 하라는 말씀
앞에 당신은 어떤 느낌을 받는가?

_____

_____

_____

6) 왜 아내 사랑은 자기 사랑이라고 할 수 있는지 예를 하나 들어
보라.

_____

_____

_____

7) 당신은 이 말씀을 공부하면서 배우자에 대해 떳떳함을 느끼는
가? 만일 가책을 받는다면 어떤 부분인가? 그리고 그 문제를
어떻게 해결하겠는가?

_____

_____

_____

2. 에베소서 6장 1~4절의 말씀은 예수 믿는 가정의 부모 자식 관계
가 어떠해야 하는지 가르쳐 주고 있다.

1) 1~3절을 외워서 적어라.

_____

_____

_____

2) 자녀의 의무는 무엇인가? '왜 주 안에서'라고 했는지 설명해 보라.

_____

_____

_____

3) 당신은 부모 공경에 대해 신앙 양심상 떳떳한가? 자신의 심정을 그대로 적어 보라.

_____

_____

_____

4) 부모가 자녀를 양육할 때 주의할 일은 무엇인가? '노엽게 하지 말라' 는 참된 뜻이 어디에 있을까? (참고, 잠언 22 : 15)

_____

_____

_____

5) 부모가 가르쳐야 할 내용은 무엇인가?

_____

_____

_____

6) 당신은 자녀를 어떻게 양육하고 있는지 이야기해 보라. 그리고 현재 자녀와의 관계에서 가장 어려운 점은 무엇인가?

_____

_____

_____

3. 가정은 가장 기본적이고 이상적인 신앙 훈련의 도장이다. 신명기 6장 4~9절의 말씀은 이 사실에 대해 어떻게 교훈하고 있는가?

1) 가정에서 부모가 모범이 되어야 할 기본 자세는 무엇인가? (5,6절)

_____

_____

2) 가장의 막중한 책임은 하나님의 말씀을 바로 가르치는 일이다. 이 점에 대해 '부지런히'라는 말이 주는 의미가 크다(7절). 왜냐하면 대부분의 부모들은 자녀에게 말씀을 가르치는 데 부지런하지 않기 때문이다. 당신의 경우는 어떠한가?

_____

_____

3) 현대 기독교인들의 가정 교육 내용의 그 우선순위가 바뀌어 있는 듯한 느낌을 받는다. 당신은 학교 교육과 신앙 교육 중 어느 쪽에 더 비중을 두고 있는가?

_____

_____

4) 가정의 신앙 교육은 전 생활권 교육이라야 한다. 7절은 이 점을 얼마나 웅변적으로 표현하고 있는지 모른다. 앉든 서든, 집에 있든 나가든 간에 장소와 때를 가리지 않고 가르쳐야 한다고 말씀하신다. 과연 우리가 이 정도로 교육하고 있는가? 그리고 이렇게까지 가르치지 않으면 안 될 이유가 어디에 있다고 생각하는가?

_____

_____

_____

5) 가정에서 하는 신앙 교육은 모범 교육이어야 한다. 8절은 이 점을 매우 재미 있게 이야기하고 있다. 부모가 말씀을 자기 손목에 매고 미간에 붙이는 것이 어떻게 모범을 보이는 것이 될 수 있는지 말하라.

_____

_____

_____

6) 당신은 자녀에게 말을 하기 전에 행동으로 모범을 보이고 있는가? 이를테면 하나님을 두려워하는 문제에 대해 한 번 이야기해 보라.

_____

_____

_____

7) 당신의 가정은 대문에 붙인 교패 외에 어떤 점에서 안 믿는 이웃 가정과 다른가?

_____

_____

_____

4. 오늘 공부한 내용 가운데서 금주부터 즉시 실천해야겠다고 결심한 것이 무엇인지 구체적으로 적어 보라. 그리고 더불어 마음으로 회개해야겠다고 느낀 것이 있으면 함께 적어 보라.

_____

_____

_____

진정한 크리스천은…

유명한 전도자인 휫필드(Whitefield)가 한번은 어떤 사람으로부터 "목사님, 저쪽에 서 있는 저 남자 분은 크리스천인가요?"라는 질문을 받았다고 한다. 그러자 휫필드는 "잘 모르겠습니다. 아직 그의 부인 되는 사람과 이야기를 나누어 보지 않았거든요"라고 대답했다고 한다.

동문서답처럼 들리지만, 그의 말에는 깊은 진리가 숨어 있다. 그것은 '교회에 다니며 입으로 주여 주여 한다고 다 크리스천이 아니다. 그가 진정한 크리스천인가를 알려면 가정에서 그의 인격이 어떻게 비쳐지고 있는지를 그의 아내로부터 들어 봐야 한다' 는 뜻이다.

많은 사람들이 교회를 신뢰하지 않거나 예수를 싫어하는 것에 대한 책임은, 크리스천이면서도 이타주의로 살지 않는 우리에게 있다. 이것이 우리가 가정이나 직장에서 예수 믿는 사람으로서의 자신을 잘 살펴야 하는 이유이다.

– 옥한흠 –

8
신앙 인격의 연단

우리가 예수를 믿는 즉시 하나님께서 우리를 구름 위로 끌어올려 놓는 것은 아니다. 우리는 여전히 죄악 된 세상에서 시달리고 있다. 이스라엘이 애굽을 떠나 바로 가나안으로 가지 않고 광야 생활을 시작한 것이나 다름이 없다. 왜 하나님께서 우리를 세상에 남겨 놓으시는가? 왜 하나님께서 우리의 행로 이곳저곳에 잠복해 있는 수많은 고통을 제거해 주지 않으실까?

우리가 이러한 문제를 앞에 놓고 조용히 묵상하면 많은 은혜를 받을 수 있다. 어린 신앙을 가진 사람들은 예수를 믿는 것이 곧 모든 고통에서의 완전한 해방을 의미하는 것처럼 착각한다. 그러다가 어려움이 닥쳐오면 쉽게 그 신앙이 무너지고 마는 것을 볼 수 있다. 고통에는 하나님의 심오한 섭리가 작용하고 있다고 할 수 있다. 이와 같은 깨달음이 우리의 인격을 거룩하게 연단하는 데 얼마나 중요한지는 한두 마디의 말로 다 말하기 어려운 일이다.

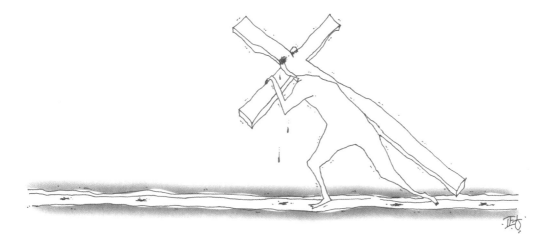

1. 하나님은 광야에서 이스라엘 백성을 푹신한 침대에 눕혀 인도하지 않으셨다. 신명기 8장에서 하나님은 그 이유를 무엇이라고 설명하시는가?

1) 광야에서 연단하신 첫 번째 목적은 무엇인가? (2절)

_____

_____

_____

2) 왜 사람은 고난을 통해 연단받지 않으면 겸손하지 못할까? 그 이유를 말해 보라.

_____

_____

_____

_____

3) 연단의 두 번째 목적은 무엇인가? (3절)

_____

_____

_____

4) 사람이 떡으로만 살지 못한다는 귀중한 진리는 자기 손에 있던 재산을 다 날리고 나서야 깨달을 수 있는 매우 어려운 것이다. 당신은 언제, 어떻게 이 진리를 깨닫게 되었는가?

_____

_____

_____

_____

5) 연단의 세 번째 목적은 무엇인가? (16 절)

_____

_____

_____

_____

6) 고통을 통한 연단이 당신을 하나님의 축복을 받을 자격자로 준
   비시키는 수단이라는 사실에 대해 어떻게 생각하는가?

_____

_____

_____

_____

_____

7) 연단이 없으면 어떤 위험이 따르기 쉬운가? (12~14 절)

_____

_____

_____

_____

_____

8) 당신은 한때 자신만만하고 원하던 것이 손에 들어왔을 때 이런
   위험에 빠졌거나 비슷한 위기를 체험한 일은 없는가?

_____

_____

_____

_____

9) 당신의 신앙 인격은 고난을 통해 하나님의 손에서 빚어진 인격 인가? 그리고 그 고난을 오히려 감사의 조건으로 생각하고 있 는가?

_____

_____

_____

2. 욥기 1장을 가지고 고난 속에서 우리가 취할 태도가 무엇인지 말 하라.

1) 욥이 어떤 사람인지 간단한 프로필을 말하라. (1~5절)

_____

_____

_____

_____

2) 욥이 고난당하기 전 그에게서 특별히 돋보이는 점들을 몇 가지 지적하라. (1~5절)

_____

_____

_____

3) 욥의 고난을 간단히 요약하라. (13~20절)

_____

_____

_____

4) 고난을 당하자 욥은 어떻게 처신하였는가? (20~22절)

_____

_____

_____

_____

5) 당신이 당한 일을 받아들일 수 없어 하나님께 원망하며 갈등을
   겪었던 일이 있으면 말해 보라.

_____

_____

_____

_____

6) 욥이 극심한 고난을 당했을 때 범죄하지 않고 하나님을 경배할
   수 있었던 근본적인 원인을 21절에서 요약할 수 있다. 그것은
   무엇인가?

_____

_____

_____

_____

7) 욥처럼 고난 속에서도 죄를 짓지 않으려면 평소에 하나님과 그
   의 주권에 대한 지식과 신앙을 잘 키우는 것이 얼마나 중요한지
   모른다. 그 이유를 생각해 보라.

_____

_____

_____

_____

3. 예레미야는 고난 가운데 있을 때 어떻게 하였는가? 예레미야애가 3장 19~23절을 가지고 검토하라.

1) 예레미야는 낙심이 되는 순간에 무엇을 기억할 수 있었는가? (21~22절)

_____

_____

_____

2) 절망 가운데 빠진 예레미야를 하나님이 특별히 생각하시고 은혜 주시는 것이 있었다. 그것은 무엇인가? (23절)

_____

_____

_____

3) 평소에 하나님이 어떤 분이신지를 잘 알아두는 것이 절망 중에 소망을 잃지 않는 비결이라는 것을 당신은 시인하는가?

_____

_____

_____

4) 당신은 고난 중에 하나님이 얼마나 인자하시고 성실하신가를 매일 회상하는 가운데 소망을 되찾게 된 경험이 있는가?

_____

_____

_____

4. 고난을 통해 얻을 수 있는 유익은 무엇인가?

• 시편 119:67, 71

_____

_____

_____

_____

_____

• 로마서 8:28

_____

_____

_____

_____

_____

• 고린도후서 1:3, 4

_____

_____

_____

_____

_____

• 욥기 42:12～17

_____

_____

_____

_____

5. 지금까지 당신이 인생을 살아오면서 겪었던 고난은 한두 가지가
   아니었을 것이다. 지금 돌이켜볼 때 그 고난들로 인해 당신이 얻
   을 수 있었던 영적인 유익들로는 어떤 것들이 있는가? 그리고 시
   편 저자가 고백한 것처럼 '고난당한 것이 내게 유익이라'고 말할
   수 있는지 조용히 생각해 보라.

   _____

   _____

   _____

   _____

   _____

   _____

   _____

변장된 축복

고난은 문제가 아니라 훈련이다.
당신에게 오는 고난을 겁내지 말라.
불안하게 생각하지 말라.
고난을 자기 팔자 소관이라고 하는 것은 불신앙이다.

당신이 설혹 실수하여 죄를 범하고 고통이 왔다고 할지라도 하나님
께서는 그것을 통하여 큰 유익을 주시려는 계획을 가지고 계신다. 그
러므로 고난은 문제가 아니라 기회이며, 훈련과 축복이다.

– 옥한흠 –

용기를 가지고 하나님을 우러러 말하라.
"이제부터 나를 당신의 뜻대로 하소서. 나는 당신에게 속했사오니
당신의 것입니다. 당신이 좋다고 생각하시면 어디라도 가겠습니다.
당신의 뜻대로 나를 인도하소서. 당신의 뜻대로 입혀 주시고, 인도해
주시옵소서. 머물게 하시겠습니까? 도망가게 하시겠습니까? 부자가
되게 하시겠습니까? 가난하게 하시겠습니까? 이 모든 것에 대해서
나는 만인 앞에서 당신을 변호할 것입니다."

– 에픽테투스 –

9

그리스도의 주재권

주재권(主宰權)이라는 말은 주인으로서 행사할 수 있는 권리를 말한다. 예수님은 만물의 주가 되시므로 그의 지배를 받지 않는 영역은 존재할 수 없다. 무엇보다 예수 그리스도를 마음에 모시고 사는 사람은 한시도 주님 없는 생활을 할 수 없다. 그리고 어느 한 가지라도 그가 모르게 행할 수 없다. 이것은 잘못 생각하면 부담스러울 수 있으나 사실은 이것만큼 우리에게 평안과 자신감을 주는 것도 없다. 시각 장애인이나 다름없는 우리가 인생의 핸들을 잡고 우왕좌왕하느니보다 전능하신 주님의 손에 핸들을 맡기고 순종하는 편이 얼마나 안전한가?

그런데 이상하게도 우리에게 잘 고쳐지지 않는 고질병이 하나 있다. 주인 되신 주님께 나의 마음과 생활 전 영역을 내어 주지 않는 것이다. 어떤 영역에서는 주님을 열렬하게 환영하며 그를 높은 보좌에 모시지만, 어떤 영역에서는 한사코 그를 멀리 두려고 한다. 이것은 주님을 대단히 슬프게 하는 일이 아닐 수 없다. 우리는 예수 그리스도를 그분의 신분과 영광에 맞게 모셔야 할 것이다.

1. 예수 그리스도가 우리의 유일한 주권자가 되시는 근거가 무엇인가?

　• 이사야 43:7

　_____

　_____

　_____

　_____

　• 빌립보서 2:9~11

　_____

　_____

　_____

　_____

　• 로마서 11:36

　_____

　_____

　_____

　_____

2. 사도 바울은 자신의 생활 가운데서 그리스도의 주재권을 어떻게
　인정하였는가? 로마서 14장 7, 8절을 보라.

　1) 본문을 외워서 기도하는 마음으로 적어 보자.

　_____

　_____

　_____

　_____

2) 바울이 말하려고 하는 핵심이 무엇인지 한마디로 요약하라.

_____

_____

_____

_____

3) '살아도 주를 위하여 살고, 죽어도 주를 위하여 죽는다'는 말
   은 무슨 뜻인가?

_____

_____

_____

4) 7절에서 바울은 자기 마음대로 살고 죽을 수 있는 사람이 우리
   중에 한 사람도 없다고 장담하고 있다. 그렇다면 당신도 예외가
   아니다. 정말 당신은 바울처럼 장담해도 좋을 사람인가?

_____

_____

_____

5) 당신에게 있어서 주님이 마음대로 지배하시는 영역과 그렇지
   못한 영역이 무엇인지 구체적인 예를 들어 보라.

_____

_____

_____

3. 요한계시록에 나오는 말세의 일곱 교회 가운데 가장 낮은 라오디 게아교회 성도들은 예수님을 어떠한 처지에 두고 있었는가? 요한 계시록 3장 14~20절을 보라.

1) 이 교회의 문제는 두 가지였다. 하나는 적극성이 없는 신앙 생활을 하는 것이었고, 다른 하나는 자만에 빠져 있는 것이었다. 본문을 인용하여 이 두 가지 사실을 설명하라.

_____

_____

_____

2) '미지근하다'는 말의 의미를 생각해 보라. 구체적으로 어떤 것일까?

_____

_____

_____

3) 영적인 자만이 어떤 것인지 구체적으로 설명하라. (17절)

_____

_____

_____

4) 자만은 적극성이 없는 행동과 어떤 관계가 있다고 생각하는가?

_____

_____

_____

5) 결국 라오디게아 교인들은 미지근한 신앙 생활로 인해 주님을
   어떻게 대우하고 말았는가? (20 절)

_____

_____

_____

_____

_____

6) 예수님을 문밖에 세워 두었다는 말은 그분과 평안한 교제를 잘
   나누지 못하는 상태를 의미한다. 교만하거나, 스스로 다 된 것
   처럼 자족하거나, 크고 작은 죄를 범하면, 주님이 비록 우리 안
   에 계신다고 할지라도 교제가 끊어지고 만다. 자녀가 부모 몰래
   나쁜 짓을 하면 부모와의 사이에 어떤 일이 일어나는가를 가지
   고 교제의 단절이 주는 어색함과 냉랭함을 이야기하라.

_____

_____

_____

_____

7) 라오디게아 교인들이 주님을 다시 마음의 보좌에 모실 수 있는
   길은 무엇인가?

_____

_____

_____

_____

_____

8) 당신의 마음에서 주님은 지금 어떠한 위치에 계시는가? 문 안에 계시는가? 문밖에 계시는가?

_____

_____

_____

4. 빌 브라이트 박사는 예수님의 주재권을 중심으로 세 가지 유형의 사람을 구별해서 그림을 그렸다. 그림을 보고 설명하면서 각자 자신의 입장과 비교해 보라. (큰 원은 마음이다. 의자는 보좌요, 작고 검은 점은 우리가 계획하는 여러 가지 인생사들이다. 십자가는 주님이시다.)

• 비그리스도인 (에베소서 2:1~3)

_____

_____

• 육신에 속한 그리스도인 (고린도전서 3:1~3)

_____

_____

• 성령에 속한 그리스도인 (갈라디아서 2:20)

_____

_____

명의 이전

나는 갑자기 질문을 드렸다. "주님, 이 집 전체에 대한 책임을 당신이 쥐고서 그 벽장을 치우셨듯이 저를 위해서 이 집을 다스릴 수는 없겠습니까? 제 마음을 바람직한 상태로 만들고, 제 삶이 마땅히 설 곳에 서도록 하는 책임을 맡아 주시지 않겠습니까?" 나는 대답하시는 그분의 얼굴이 밝아져 오는 것을 볼 수 있었다. "암, 맡아 주고 말고. 그것이 바로 내가 와서 하려던 일이다. 네 자신의 힘으로는 승리하는 그리스도인으로 살 수 없다. 도저히 불가능하다. 내가 너를 통해서, 또 너를 위해서 할 수 있도록 해 다오. 그것만이 유일한 해결책이다."

"그런데 … " 하고 그분은 덧붙여서 천천히 말씀하셨다. "나는 한갓 이 집의 손님일 뿐 주인이 아니다. 내게는 일을 수행할 권한이 없다. 건물이 내 소유가 아니니까 말이야." 나는 곧 그 점을 깨달았고, 흥분된 어조로 이렇게 소리쳤다. "주여, 당신은 손님이었고, 제가 주인이었습니다. 이제 후로는 제가 하인이 되려 합니다. 당신이 저와 이 집의 주인이 되어 주십시오." 나는 서둘러 금고로 달려가서 재산과 부채 및 가옥의 부지와 매매 조건이 명시되어 있는 집문서를 꺼냈다. 그리고 그분께 황급히 돌아와서 간절한 마음으로 서명을 한 뒤, 무릎을 꿇고 영원히 그분의 소유가 되도록 넘겨 드렸다.

"저, 여기에 제 존재와 소유의 모든 것이 있습니다. 이제 당신이 집을 운영하여 주십시오. 저는 단지 심부름꾼과 친구로서 당신의 곁에 있겠습니다."

– 로버트 멍어 –

10
청지기 직

우리는 예수 그리스도께서 우리 마음과 전 삶의 영역에 주인이 되신다는 사실을 공부했다. 그러므로 우리가 주님의 청지기라는 것은 물으나 마나 한 사실이다. 그러나 여기서 청지기라는 말은 대단히 중요한 의미를 담고 있다. 청지기란 주인의 것을 맡아서 책임 있게 관리하고, 나중에는 책임 있게 결산을 해야 할 신분의 사람이라는 것을 지적하는 특별한 용어이기 때문이다. 주님의 제자들은 청지기 직을 수행하는 데 양심의 가책을 받아서는 안 될 것이다. 최선을 다해서 충성해야 한다.

마지막 결산은 너무나 엄숙해서 적당하게 넘어가지 못할 것이다. 세상을 자기중심으로 살다가 구원만 받으면 된다는 안일한 생각
을 하는 사람들을 교회 안에서 자주 만나는데,
이런 사람들은 청지기로서의 마지막 결산을
모르는 데서 크게 오해하고 있다고 할 수 있
다. 모든 것이 주님의 것이다. 우리의 것이란
하나도 없다. 이 사실을 늘 명심하면 청지기로
서 충성하는 데 큰 장애가 없을 것이다.

1. 우리는 시간을 맡은 청지기다. 평생의 시간을 어떻게 사용해야 하는지 에베소서 5장 15~17절의 말씀을 가지고 공부하라.

   1) 여기서 말하는 지혜는 어떤 것인가? '어떻게 행할지를 자세히 주의한다'는 말을 가지고 설명하라. 10절도 참고하라.

   _____

   _____

   _____

   2) '세월을 아끼라'는 말은 '돈을 주고 기회를 사라'는 뜻으로 번역할 수 있다. 이것은 우리가 어떻게 세월을 아낄 수 있는지를 가르쳐 주는 데 도움이 되는 번역이다. 왜 그런가?

   _____

   _____

   _____

   3) 당신은 시간의 낭비를 줄이기 위해 매일 어떤 식으로 살고 있는가?

   _____

   _____

   _____

   _____

   4) '때가 악한 것'과 '시간의 선용'은 어떤 관계가 있다고 보는가? (참고, 고린도전서 7:29~31)

   _____

   _____

   _____

5) 시간 선용의 열쇠는 주님의 뜻을 바로 파악하는 것이다. 어떻게 해야 될까? (참고, 로마서 12 :2; 누가복음 17 :26~30)

_____

_____

_____

6) 당신이 지금이라도 주님 앞에 선다면 시간을 잘 관리한 사람으로 칭찬받을 수 있겠는가?

_____

_____

_____

2. 우리는 재물을 맡은 청지기다. 재물을 어떻게 관리해야 하는지 역대상 29장 14~17절을 가지고 답하라.

1) 재물이 전적으로 하나님의 것임을 강조하기 위해 다윗은 두 가지 점을 이야기하고 있다. 그것은 무엇인가? (14 절)

_____

_____

_____

2) 당신도 다윗처럼 말할 수 있는가?

_____

_____

_____

3) 모든 재물이 내 것이 아니고 하나님의 것이라고 하는 투철한 신앙을 가지고 살려면 인생이 무엇인가를 항상 염두에 두어야 한다. 이 점에 대해 다윗은 무엇이라고 고백하는가? (15 절) 그리고 이 고백이 모든 재산은 내 것이라는 망상을 버리게 하는 데 어떤 도움이 된다고 생각하는가?

_____

_____

_____

4) 당신은 재물에 대해 내 것이라는 강한 소유욕을 가지고 있는가? 만일 그렇다면 다윗처럼 인생을 보지 못해서 생긴 큰 오해가 아닌지 살펴보라.

_____

_____

5) '하나님의 주인 되심'과 '자신의 청지기 됨'을 시인하는 사람은 재물을 하나님께 드릴 때마다 두 가지 마음 자세로 드릴 수 있다. 그것은 무엇인가? (17 절)

_____

_____

_____

6) 헌금을 할 때, 특히 십일조나 건축 헌금을 드리려고 할 때 위의 두 가지 자세가 바로 되어 있지 못해 자주 시험에 빠지는 일은 없는지 말해 보라.

_____

_____

7) 당신이 다윗처럼 재물을 하나님께 드린 사례를 몇 가지 적어 보라. 특히 십일조는 바로 드리는지, 그리고 감사헌금, 주일헌금은 어떤 원칙에서 드리고 있는지 말하라.

_____

_____

_____

_____

3. 모든 재물은 하나님의 것이며 우리는 잠깐 관리하는 청지기에 지나지 않는다는 신앙이 없으면, 비록 예수를 믿는다 할지라도 매우 위험한 지경에 빠지기 쉽다. 디모데전서 6장 9~10절을 보라.

1) 모든 악의 뿌리는 무엇인가? 그리고 그 이유를 마태복음 6장 24절을 가지고 설명하라.

_____

_____

_____

2) 예수를 믿는 사람이 돈에 마음을 빼앗기면 어떤 손해를 보는가?

_____

_____

_____

3) 당신은 돈을 사랑하다가 믿음이 떨어지고 염려에 시달려 본 경험이 없는가?

_____

_____

_____

4. 재물을, 주인이신 그리스도의 뜻대로 관리하는 데 필요한 몇 가지 원칙을 디모데전서 6장 17~19절에서 찾아보라.

1) 17절에서 세 가지 원칙을 말하라.

_____

_____

_____

_____

2) 18절에서 나머지 한 가지 원칙을 요약하라.

_____

_____

_____

_____

3) 당신은 어느 정도로 선한 사업과 구제에 돈을 사용하고 있는가?

_____

_____

_____

_____

두 가지 소유법

우리의 소유를 간직하는 방법에는 두 가지가 있다. 우리는 소유를 우리의 주먹 안에 꽉 쥐고는 "이것은 내 마음대로 할 수 있는 내 것이야"라고 할 수 있다. 또는 손을 펴서 손바닥 위에 올려 놓고 "주님 감사합니다. 이것들은 제게 빌려 주신 소유물입니다. 저는 단지 위탁자에 불과할 뿐 주인이 아님을 압니다. 이들 중 어느 것을 되찾아 가기 원하시면 말씀해 주십시오. 그러면 돌려드리겠습니다"라고 말할 수도 있다. 소유에 대한 우리의 태도는 제자도의 진실성을 가늠하는 척도가 된다.

돈에 대한 우리의 청지기 직을 생각할 때, 우리의 태도는 어떠한가? "내 돈을 얼마만큼 하나님께 드릴까"인가? 아니면 "하나님의 돈을 얼마만큼 나를 위해 가질까"인가?

– 오스왈드 샌더스 –

11

영적 전투

신앙 생활이란 바로 영적인 전투를 의미한다. 예수를 믿자 마자 우리는 사망에서 생명으로, 마귀의 종에서 그리스도의 종으로 바뀌었기 때문에 악령의 도전을 피할 수 없게 되었다. 예수 그리스도께서 세상을 이기셨기 때문에 마귀는 우리에게 정면으로 도전하거나 다시 옛날의 자리로 끌고 갈 수는 없지만, 우리 육체가 지니고 있는 약함을 이용하여 유혹할 수 있고, 경우에 따라서는 세상 사람들을 동원하여 핍박할 수도 있다.

그러므로 우리는 항상 깨어 있어야 한다. 신앙이 좋다는 말은 싸움을 잘한다는 말과 일맥 상통한다. 신앙이 병들면 항상 패잔병의 신세를 면하지 못한다. 세상을 이기신 승리자의 깃발 아래 만신창이가 된 패잔병이란 정말 어울리지 않는다. 흔히 보면 패하는 자는 언제나 패하는 버릇이 있고, 이기는 자는 항상 이기는 버릇이 있다. 그래서 신앙 생활을

하나의 좋은 습관으로
정착시키는 일이
중요한 것이다.

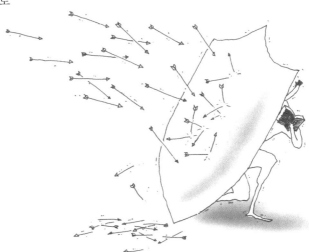

1. 우리가 영적인 싸움을 피할 수 없는 이유를 예수님은 무엇이라고
   말씀하시는지 요한복음 15장 18~19절을 가지고 설명하라.

   1) "세상"과 "너희"는 각각 누구를 가리키는 것인가?

   _____

   _____

   _____

   _____

   2) "속하다"라는 말의 의미를 설명하라.

   _____

   _____

   _____

   _____

   3) 세상이 당신을 미워하는 이유가 무엇인가? 그리고 여기서 "미
      워한다"는 말의 의미를 생각해 보라.

   _____

   _____

   _____

   _____

   4) 예수 믿는다는 것 때문에 당신은 세상에서 얼마나 자주 영적 싸
      움을 경험하는가? 만일 미움도, 싸움도 없다면 당신의 소속에
      문제가 있다고 해야 할 것이다.

   _____

   _____

   _____

2. 마귀의 활동과 도전에 대해 베드로전서 5장 8~9절 말씀은 무엇이라고 경고하는가?

 1) 마귀를 우는 사자에다 비유한 것은 어떤 의미가 있다고 생각하는가?

  _____

  _____

  _____

  _____

  _____

  _____

 2) 마귀가 항상 사자처럼 행동하는 것은 아니다. 고린도후서 11장 14, 15절과 요한계시록 20장 10절을 참고하여 마귀의 전혀 다른 개성을 찾아보라.

  _____

  _____

  _____

  _____

  _____

  _____

 3) 마귀는 고난과 핍박을 가할 때는 사자 같고, 유혹할 때는 여우 같은 성격을 드러내는 것이 통상이다. 당신은 마귀의 어느 면에 약한가?

  _____

  _____

  _____

3. 에베소서 6장 10~18절을 가지고 영적 무장에 대해 공부하라.

   1) 전신갑주를 입어야 할 두 가지 이유를 말하라. (10, 11절)

   _____

   _____

   _____

   _____

   2) 다음에 예를 드는 인물들은 어디에 무장이 소홀하여 당하고 말
      았는지 간단히 대답하라.

   • 베드로 (마태복음 26:41)

   _____

   _____

   _____

   _____

   • 후메내오 (디모데전서 1:19~20)

   _____

   _____

   _____

   _____

   • 데마 (디모데후서 4:10)

   _____

   _____

   _____

   _____

3) 위의 인물들의 허점을 보면서 당신은 어떤 생각이 드는가? 당신이 가장 소홀하다고 생각되는 것은 어느 면인가?

_____

_____

_____

_____

4) 본문에서 바울은 로마 군사가 하고 다니던 무장을 예로 들고 있다.

• 호신용 (14~15, 17절)

_____

_____

_____

• 방어용 (16절)

_____

_____

_____

• 공격용 (17절)

_____

_____

_____

• 경비용 (18절)

_____

_____

_____

5) 당신의 영적 무장에서 위의 네 가지 중 빈틈이 생긴 곳은 없는 가? 어느 부분이 가장 약한가를 점검하고, 그것을 어떻게 메울 것인지를 말해 보라.

_____

_____

_____

_____

4. 우리는 영적 전투에 임할 때마다 언제나 이길 수 있다는 확신과 패기를 가져야 한다. 다음에 나오는 말씀을 가지고 그 이유를 말 하라.

• 고린도전서 15:57

_____

_____

_____

• 요한일서 5:4~5

_____

_____

_____

5. 당신이 마귀를 이길 수 있는 사람이라는 것을 지금까지 공부한 내 용을 중심으로 다시 한 번 정리하라.

_____

_____

_____

영적 무기

그리스도께서 우리의 마음과 양손에 영적 무기를 들려 주셨다. 이는 이 세상의 군왕들처럼 채찍과 감옥과 고문과 고통을 가지고 정복 전쟁을 일으키는 것이 아니라, 진리의 말씀을 가지고 전쟁을 수행하기 위함이다. 증오 대신 사랑을 가져오며, 하나님과 더불어 악의에 대항하여 싸우며, 주야로 기도와 눈물로 전쟁하며, 금식과 탄식과 애통으로, 인내와 충성과 진리로, 그리고 거짓 없는 사랑과 오랜 고통과 성령의 모든 열매로 전쟁을 수행하여 결국 선으로 악을 이기게 하기 위함이다.

- 제임스 네일러 -

12

새 계명: 사랑하라

기독교는 사랑의 종교라는 말이 있다. 사랑을 빼버리면 기독교에서 남는 것이 무엇인지 말하기 어려울 정도로 사랑은 중요하다. 그럼에도 불구하고 그리스도 인들이 가장 많이 실패하는 것이 있다면 그것은 바로 사랑이다. 이것은 교회가 세상에서 빛과 소금의 역할을 제대로 하지 못하고 있다는 증거라 할 수 있다. 어떻게 하면 처음 사랑을 다시 회복할 수 있는지는 현대 교회가 안고 있는 가장 큰 숙제 가운데 하나가 되어 있다. 예수님 따르기를 사모하는 제자들이 앞장서서 모범을 보이는 데서 새 계명의 실천 운동이 시작되어야 할 것이다.

1. 요한계시록 2장 1~6절을 가지고 사랑에 실패한 에베소교회에 대해 공부하라.

   1) 에베소교회가 칭찬받은 이유는 무엇인가? 2~3, 6절을 가지고 열거하라.

   _____

   _____

   _____

   _____

   2) 에베소교회가 책망받은 이유는 무엇인가? (4절)

   _____

   _____

   _____

   _____

   3) "처음 사랑"에서 "처음"이란 말은 새롭고, 깨끗하며, 열정적이라는 인상을 풍기고 있다. 젊은 남녀가 첫사랑에 빠졌을 때의 일을 상상하면 쉽게 이해할 수 있을 것이다. 잘못하면 주님에 대한 사랑이나 이웃에 대한 사랑에서 이 처음 맛을 잃어버릴 수 있다. 이런 현상을 당연하게 보면 안 된다. 주님은 심각한 증세라고 경고하신다. 당신의 사랑은 어떠한가?

   _____

   _____

   _____

   _____

4) 에베소교회가 왜 처음 사랑을 잃었다고 생각하는가? 특히 이단과 싸우고 경건 생활을 강조하던 그 교회의 강점을 염두에 두고 생각하라.

_____

_____

_____

_____

_____

5) 만일 처음 사랑을 다시 회복하지 못하면 어떻게 하겠다고 주님이 경고하셨는가? (5절)

_____

_____

_____

_____

_____

6) 진리가 살아 있고 성결이 유지되고 있는 교회지만, 사랑을 잃으면 존재할 가치가 없다는 주님의 말씀을 들으면서 느끼는 것을 적어 보라.

_____

_____

_____

_____

_____

2. 마태복음 22장 37~40절을 읽고 하나님과 이웃을 향해 우리가 어떤 사랑을 주어야 하는지 공부하라.

1) 이 본문은 반드시 외워야 한다. 외운 다음에 기도하는 마음으로 다시 적어 보라.

_____

_____

_____

2) 우리가 하나님을 향해 드려야 할 사랑은 어떤 것인가?

_____

_____

_____

3) 마음, 목숨, 뜻을 다한다는 말은 우리 자신을 온통 던져서 바친다는 것을 의미한다. 이것을 가리켜 전인격적 헌신이란 말을 하기도 한다. 어떤가? 당신의 하나님에 대한 사랑은 과연 전인격적인가?

_____

_____

_____

4) 우리가 하나님을 전심으로 사랑하지 못하는 원인이 어디에 있다고 생각하는가? 어떻게 하면 우리가 하나님을 전심으로 사랑할 수 있겠는가?

_____

_____

_____

5) 이웃에 대해서는 어떤 사랑을 베풀어야 하는가? (참고, 요한일서
   3:16)

_____

_____

_____

_____

6) 내 몸처럼 이웃을 사랑하라는 말의 의미는 무엇인가?

_____

_____

_____

_____

7) 하나님을 향한 사랑과 이웃을 위한 사랑의 관계를 설명해 보라.
   왜 두 가지 사랑을 동전의 앞뒤처럼 나란히 다루고 있을까? 그
   리고 왜 이웃 사랑보다 하나님 사랑을 앞세우는 것일까?

_____

_____

_____

_____

8) 당신은 보이지 않는 하나님을 제대로 사랑하지 못하는 것이, 보
   이는 이웃을 사랑하지 못하게 하는 장애 요인이 되고 있다고 생
   각하지 않는가? (참고, 요한일서 4:20)

_____

_____

_____

_____

3. 고린도전서 13장은 사랑에 대해 어떻게 가르치고 있는가?

   1) 사랑에는 다음과 같은 세 가지의 탁월성이 있다고 한다. 왜 그렇게 말할 수 있는지 살펴보라. (1~3절)

   • 방언의 은사보다 탁월하다

   _____

   _____

   • 예언의 은사보다 탁월하다

   _____

   _____

   • 구제의 은사보다 탁월하다

   _____

   _____

   2) 사랑의 본질 열다섯 가지를 열거하라. (4~7절)

   _____

   _____

   _____

   _____

   _____

3) 이상의 열다섯 가지 사랑을 보면 아가페의 사랑은 흔히 말하는 뜨거운 감정만을 이야기하는 것이 아님을 알 수 있다. 열다섯 가지 사랑 중에서 처음과 마지막에서 오래 견디고 참는 인내를 들고 있는 것을 보아도 쉽게 알 수 있다. 우리는 마음이 동하든 그렇지 않든 행동으로 사랑을 실천해야 한다. 마음에 없는 사랑을 어떻게 하느냐고 항변하는 자도 있지만, 그 말은 설득력이 약한 것이다. 주님은 마음 상태에 매이지 말고 행동하라고 하신다. 그 예를 로마서 12장 20절을 가지고 이야기해 보라.

4) 사랑은 왜 믿음과 소망보다 앞서는가? 그리고 왜 사랑은 영원한가? (13절)

4. '사랑하라'는 말을 들을 때마다 당신의 양심에 고통을 주는 사연이 있으면 조용히 적어 보라. 그리고 그 내용을 그대로 가지고 기도의 골방에 들어가지 않겠는가?

'카도스'의 은혜

우리는 '사랑' 하면 항상 감정을 앞세우는 버릇이 있다. '에로스'의 사랑을 생각하는 것이다. 남녀간의 사랑을 한번 예로 들어 보자. 이와 같은 사랑은 거의 대부분 감정에 뒤따른다. 어떻게 된 것인지 모든 사람이 욕하는 그 남자를 나는 그렇게 그리워하고 가슴이 뛰고 있으니 참 희한한 일 아닌가? '에로스'의 사랑은 이런 감정을 빼놓고는 논할 수가 없다. 그러나 하나님께서 우리에게 명령하시는 '아가페'의 사랑은 그런 것이 아니다. 물론 감정이 동하고 가슴이 뜨거워져서 사랑할 수 있다. 그러나 가슴이 차가워도 할 수 있는 것이 바로 '아가페'의 사랑이다. '아가페'의 사랑은 의지적인 사랑이다. 결단하고 행동하는 사랑이다. 마음을 가지고 저울질하는 사랑이 아니라 하나님이 명령하시니까 싫든 좋든 감정이 있든 없든 간에 행동으로 옮기는 그런 사랑이다. 이와 같은 사랑은 가만히 앉아 있으면 자동적으로 되는 것이 아니다. 그야말로 생명을 걸다시피 결단하고, 행동에 옮기는 사람만이 감히 이 사랑을 흉내라도 낼 수 있다.

우리가 그렇게 하기 위해서는 하나님이 주시는 '카도스'(내가 너희를 사랑한 것같이, 요한복음 15:12)의 은혜가 있어야 된다. 하나님이 나를 얼마나 사랑해 주셨는가를 아는 그 은혜가 있을 때만이 우리가 이 사랑을 실천할 수 있다. 그러므로 우리가 진정 고민해야 할 것은 사랑하지 못하는 것이 아니라 은혜가 부족한 것이다. 우리는 우리 자신에게 하나님의 사랑을 아는 '카도스'의 은혜가 부족한 것을 놓고 고민해야 한다. 우리는 은혜를 받는 만큼 사랑할 수 있다. 하나님의 사랑을 아는 것만큼 형제를 사랑할 수 있다.

– 옥한흠 –

부록

성경 읽기 안내

주	구분	제자훈련	1일	2일	3일	4일	5일	6일	7일
1주		오리엔테이션	창 1~2	3~5	6~9	10~11	12~14	15~17	18~20
2주		1-1	21~24	25~26	27~31	32~36	37~40	41~44	45~47
3주		1-2	48~50	마 1~4	5~7	8~11	12~15	16~19	20~23
4주		1-3	24~25	26~28	출 1~2	3~6	7~10	11~12	13~15
5주		1-4	16~18	19~20	21~24	25~27	28~31	32~34	35~40
6주		1-5	막 1~3	4~7	8~10	11~13	14~16	레 1~3	4~7
7주		1-6	8~10	11~15	16~17	18~20	21~23	24~27	눅 1~2
8주		2-1	3~6	7~9	10~12	13~15	16~18	19~21	22~24
9주		2-2	민 1~4	5~8	9~12	13~16	17~20	21~25	26~30
10주	1	2-3	31~33	34~36	요 1~2	3~5	6~8	9~12	13~17
11주	학	2-4	18~21	신 1~4	5~7	8~11	12~16	17~20	21~26
12주	기	2-5	27~30	31~34	수 1~5	6~8	9~12	13~17	18~21
13주		2-6	22~24	삿 1~5	6~8	9~12	13~16	17~21	룻 1~4
14주		2-7	행 1~4	5~7	8~9	10~12	13~15	16~18	19~20
15주		2-8	21~23	24~26	27~28	삼상 1~3	4~8	9~12	13~15
16주		2-9	16~19	20~23	24~26	27~31	삼하 1~4	5~7	8~10
17주		2-10	11~14	15~18	19~20	21~24	롬 1~3	4~5	6~8
18주		2-11	9~11	12~16	왕상 1~4	5~8	9~11	12~16	17~19
19주		2-12	20~23	왕하 1~3	4~8	9~12	13~17	18~21	22~25
20주		2-13	대상 1~9	10~16	17~21	22~27	28~29	대하 1~5	6~9
21주		2-14	10~12	13~16	17~20	21~25	26~28	29~32	33~36
22주		방-1	고전 1~6	7~10	11~14	15~16	스 1~3	4~6	스 7~10 / 고후 1~9
23주		방-2	고후 10~13	느 1~2	3~4	5~7	8~10	느 11~13	갈 1~6 / 에 1~7
24주	방	방-3	에 8~10	욥 1~3	4~7	8~10	11~14	15~17	욥 18~28
25주	학	방-4	욥 29~31	32~34	35~37	38~39	40~42	시 1~6	시 7~30
26주		방-5	시 31~36	37~41	42~49	50~54	55~59	60~66	67~89
27주		방-6	시 90~97	98~103	104~106	107~110	111~118	119	시 120~145
28주		방-7	시 146~150	잠 1~4	5~9	10~13	14~17	18~21	잠 22~31 / 전 1~6
29주		방-8	전 7~12	아 1~8	엡 1~6	사 1~4	5~7	8~12	13~20
30주		방-9	사 21~23	24~27	28~30	31~35	36~39	40~43	44~48
31주		3-1	사 49~51	52~57	58~62	63~66	빌 1~4	렘 1~3	4~6
32주		3-2	7~10	11~15	16~20	21~25	26~29	30~33	34~39
33주		3-3	40~45	46~49	50~52	골 1~4	애 1~5	살전 1~5	겔 1~6
34주		3-4	7~11	12~15	16~19	20~23	24~28	29~32	33~36
35주	2	3-5	37~39	40~43	44~48	살후 1~3	단 1~3	4~6	7~12
36주	학	3-6	딤전 1~6	호 1~3	4~6	7~8	9~11	12~14	딤후 1~4
37주	기	3-7	욜 1~3	딛 1~3	암 1~2	3~5	6~7	8~9	몬
38주		3-8	옵	히 1~2	3~4	5~7	8~10	11~13	욘 1~4
39주		3-9	약 1~5	미 1~2	3~5	6~7	벧전 1~5	나 1~3	벧후 1~3
40주		3-10	합 1~3	요일 1~5	습 1~3	요이	학 1~2	요삼	슥 1~2
41주		3-11	3~4	5~6	7~8	9~11	12~14	유	말 1~4
42주		3-12	계 1~3	4~6	7~9	10~13	14~16	17~19	20~22

성경 암송 구절

주제	과	소제목	성구 1	성구 2
1권 제자훈련의 터 다지기	1	나의 신앙고백과 간증	로마서 10:9, 10	마태복음 16:16
	2	하나님과 매일 만나는 생활	히브리서 4:16	예레미야애가 3:22, 23
	3	경건의 시간	시편 1:1, 2	시편 119:105
	4	살았고 운동력 있는 말씀	로마서 1:16	디모데후서 3:16
	5	무엇이 바른 기도인가?	빌립보서 4:6, 7	마태복음 6:6
	6	기도의 응답	요한복음 15:7	마태복음 7:11
2권 아무도 흔들 수 없는 나의 구원	1	성경의 권위	베드로후서 1:21	여호수아 1:8
	2	하나님은 누구신가?	로마서 11:36상	예레미야 31:3하
	3	예수 그리스도는 누구신가?	히브리서 4:15	요한복음 14:6
	4	삼위일체 하나님	요한복음 1:1	고린도후서 13:13
	5	인간의 타락과 그 결과	로마서 5:12	히브리서 9:27
	6	예수 그리스도의 죽음	로마서 5:8	갈라디아서 3:13
	7	예수 그리스도의 부활	로마서 4:25	갈라디아서 2:20
	8	약속대로 오신 성령	사도행전 2:38	고린도전서 12:13
	9	거듭난 사람	디도서 3:5	데살로니가전서 1:3, 4
	10	믿음이란 무엇인가?	에베소서 2:8, 9	로마서 4:18
	11	의롭다 함을 받은 은혜	로마서 3:21, 22	로마서 8:32
	12	우리 안에 계시는 성령	로마서 8:26	갈라디아서 5:22, 23
	13	그리스도인의 성화	고린도후서 7:1	요한1서 3:3
	14	예수 그리스도의 재림	요한계시록 22:7	데살로니가전서 4:16, 17
3권 작은 예수가 되라	1	순종의 생활	마태복음 7:24	요한복음 14:21
	2	봉사의 의무	빌립보서 2:3, 4	베드로전서 4:11상
	3	그리스도를 증거하는 생활	마태복음 28:19, 20	마태복음 5:16
	4	말의 덕을 세우는 사람	누가복음 6:45	잠언 15:23
	5	영적 성장과 성숙	에베소서 4:13	빌립보서 3:12
	6	순결한 생활	고린도전서 6:19, 20	디모데후서 2:22
	7	그리스도인의 가정생활	에베소서 6:1~3	신명기 6:6, 7
	8	신앙 인격의 연단	시편 119:71	로마서 8:28
	9	그리스도의 주재권	로마서 14:7, 8	요한계시록 3:20
	10	청지기 직	에베소서 5:15, 16	디모데전서 6:17
	11	영적 전투	베드로전서 5:8	에베소서 6:10, 11
	12	새 계명: 사랑하라	요한복음 13:34, 35	요한1서 3:18

과제물 점검표

| 제 기 제자 반 |
| 이름 |

☆: 점검표시   ○: 과제물을 빠짐없이 했을 때   △: 일부부만 했을 때   ×: 전혀 하지 못했을 때

날짜	교재 내용	예습	QT	성구 암송	성경 읽기	특별 과제	점검자

우리 속에 필요한 변화는 하나님의 일이지 우리의 일이 아니다.

우리가 인간의 의지와 힘과 결심을 통하여 내적 변화를 얻을 수 있다는 데 대하여 절망할 때, 내적 의는 은혜로 받을 수 있는 하나님의 선물이라는 놀라운 인식의 문 앞에 서게 된다. 우리 속에 필요한 변화는 하나님의 일이지 우리의 일이 아니다. 필요한 것은 내적인 일이며, 오직 하나님만이 그 내면의 일을 하실 수 있다. 우리는 우리 자신의 힘으로 하나님 나라의 의에 도달할 수 없다. 오직 은혜로만 얻을 수 있을 뿐이다. 이 놀라운 진리를 파악하는 순간 우리는 그 반대 방향의 과오를 저지를 위험이 있다. 즉 우리가 할 수 있는 일은 아무 것도 없다는 그런 사고에 빠질 위험이 있다는 것이다. 인간의 모든 노력이 도덕적 파탄으로 끝난다면, 그리고 의가 하나님의 은혜의 선물이라면, 하나님께서 오셔서 우리를 변화시켜 주시기를 기다려야 당연하지 않을까? 이상하게 들릴지 모르지만 그 말은 결코 모순된 말이 아니다. 어디까지나 인간의 노력은 불충한 것이고 의는 하나님의 선물이다. 그러나 인간이 할 바가 아무것도 없다는 말은 잘못이다. 무엇인가 우리가 할 수 있는 일이 있다. 우리는 인간의 노력을 택하든지 아니면 손발을 묶고 있어야 하는 그런 딜레마에 빠질 필요가 없다. 하나님께서는 자신의 은혜를 받는 방법으로 영적 삶의 훈련을 우리들에게 주셨다. 이 훈련이 우리들로 하여금 하나님 앞으로 나아가도록 하여 하나님께서 우리를 변화시킬 수 있게 한다.

영적 훈련은 성령을 위하여 씨를 뿌리는 일과 같다.

그 훈련은 하나님이 우리 속에서 일하실 수 있고 우리를 변화시키실 수 있는 곳에 우리를 심는다. 영적 훈련 그 자체만으로는 아무것도 이룰 수 없다. 단지 그것은 무엇인가가 달성될 수 있는 곳에 우리를 가져다 놓을 뿐이다. 영적 훈련은 하나님 은혜의 통로이다. 우리가 추구하는 내적 의는 우리의 머리 위에 부어지는 것이 아니다. 하나님께서 영적 삶의 훈련을 통로로 정하셨는데 우리는 그 통로로 말미암아 하나님이 우리를 축복하실 수 있는 곳에 놓이게 된다.

리차드 포스터

국제제자훈련원은 건강한 교회를 꿈꾸는 목회의 동반자로서 제자 삼는 사역을 중심으로
성경적 목회 모델을 제시함으로 세계 교회를 섬기는 전문 사역 기관입니다.

평신도를 깨운다 제자훈련 III

작은 예수가 되라

초판 1쇄 발행 2005년 12월 30일
개정 2판 237쇄(327쇄) 발행 2023년 8월 25일

지은이 옥한흠

펴낸이 오정현
펴낸곳 국제제자훈련원
등록번호 제2013-000170호(2013년 9월 25일)
주소 서울시 서초구 효령로68길 98(서초동)
전화 02)3489-4300 **팩스** 02)3489-4329
이메일 dmipress@sarang.org

ISBN 89-5731-125-4 03230(세트)
ISBN 89-5731-128-9 03230

※ 책값은 뒤표지에 있습니다. 잘못된 책은 구입하신 곳에서 교환해 드립니다.